बच्चों के 2001 नाम

(अकारादि क्रम से)

आपके नन्हे–मुन्ने का क्या नाम हो–यदि आपकी समस्या है तो यह पुस्तक इसका सफल समाधान है। अपने ढंग की पहली पुस्तक जिसकी सहायता से आप सुन्दर और आकर्षक घरेलू (बचपन का नाम) तथा प्रचलित नाम रख सकते हैं।

संकलनकर्ता
कृष्ण गोपाल विकल

पुस्तक महल®
दिल्ली • मुंबई • बंगलोर • पटना • हैदराबाद • लंदन

नया संशोधित एवं परिवर्धित संस्करण

M K

प्रकाशक
पुस्तक महल®, दिल्ली

J-3/16, दरियागंज, नई दिल्ली-110002
☎ 23276539, 23272783, 23272784 • *फैक्स:* 011-23260518
E-mail: info@pustakmahal.com • *Website:* www.pustakmahal.com

विक्रय केन्द्र
10-बी, नेताजी सुभाष मार्ग, दरियागंज, नई दिल्ली-110002
☎ 23268292, 23268293, 23279900 • *फैक्स:* 011-23280567
E-mail: rapidexdelhi@indiatimes.com

शाखा कार्यालय
बंगलोर: ☎ 22234025
E-mail: pustak@sancharnet.in • pmblr@sancharnet.in

मुंबई: ☎ 22010941
E-mail: rapidex@bom5.vsnl.net.in

पटना: ☎ 3294193 • *टेलीफैक्स:* 0612-2302719
E-mail: rapidexptn@rediffmail.com

हैदराबाद: *टेलीफैक्स:* 040-24737290
E-mail: pustakmahalhyd@yahoo.co.in

ISBN 978-81-223-0515-9

संस्करण : 2009

मुद्रक : परम ऑफसेटर्स, ओखला, नई दिल्ली-110020

घरेलू बचपन का नाम

(बालक)

काकू
गुड्डू
चिंटू
चिंपू
चीकू
चीनू
चंदा
जुगनू
टांजू
टिंकू

टिल्लू
टीनू
टोनी[1]
डोनी[2]
डब्बू
नीटू[3]
नीनू
नीलू
पप्पी
पप्पू
पिंकू
पिंटू
बबलू
बंटी

बंटू
बन्नी
बेन[4]
बॉबी
बानी
बिट्टू
बिल्लू
बेबी
भोलू
मिकी
मिंटू
मीनू
मुन्ना
राजा

राजू
रॉबिन[5]
रिक्की[6]
रिंकू
रोमा
रोमी
लवली[7]
विक्की[8]
शालू
शिशु
सनी
सोनू
हैप्पी[9]

प्रचलित नाम
(बालक)

अ, आ
अंकुर
अंबर
अंबरीश[10]
अंजलि
अंजनाद्रि
अंजनी
अंजनेश
अंजिक्य
अंगारमणि
अंचित
अचिंत्य[11]
अकलेश
अखिल
अखिलेश
अखिलोदय
अनंत
अजय
अग्निकुमार
अर्चि
अच्युतानंद
अजर
अजातशत्रु
अजित
अजिताभ
अनल
अनल प्रभा
अनंग
अनंगपाल
अनल्प
अनघ[12]
अनादि
अनाधि
अनि
अनिक
अनिल
अनिप
अनिरुद्ध
अनु
अनुज
अनुनय
अनुपम
अनुराग
अनुरंजन
अनूप
अतिधव
अतिकांत
अतुल
अतुलेश
अद्वैत
अद्रिराज
अदित
अदिति नंदन
अधीर
अधीश
अधीश्वर

अपरिमेय
अपीच्य[13]
अपूर्व
अप्रतिम
अब्द
अभय
अनित्य
अनिंद्य
अभिमन्यु
अभिषेक
अभिजित
अभिताभ
अभिजात[14]
अभिनव
अभिनंदन
अभिराम

अभिरूप[15]
अभिज्ञ
अमर
अमरीश
अमरेन्द्र
अमरेश
अमलतास
अमंद
अमल
अमाल
अमोल
अमेत विक्रम[16]
अमित
अमिताभ[17]
अमि
अमिनेश

अमिय[18]
अमृतांश
अमृतगिरि
अयस्कांत
अरविंद[19]
अरण्य[20]
अरिंदम[21]
अरुण
अरुणाभ
अरुणिम
अरुण कमल
अरुणोदय
अलिन
अल्क
अलंकार
अलंकृत

अलंकरण
अवनींद्र
अवनीश
अवि
अविनश्वर
अविनाश
अविचल
अविकल
अविजित
अविशेष
अत्रि
अर्णव[22]
अर्पण
अलौकिक
अंशुल[23]
अंशुधर

अंशुक[24]
अंशुमान
अंशुमाली
अंशिर
अश्विनी
अशेष
अशोक
अंसल
असीम
अक्षत
अक्षय
अज्ञेय
अक्षीव
आदर्श
आत्मानंद
आदित्य
आदित्य प्रकाश

आदित्रि
आदेश
आनंद
आप्तकाम[25]
आर्ष
आशीष
आमात्य
आमोद
आमोल
आर्य
आलाप
आलि
आलेख
आलोक
आशु
आशुतोष
आकाश
आकाशदीप

आकाश लोचन
आहुति
आरुणि
आत्रेय

इ, ई

इंदीवर
इंदुप्रकाश
इंदुभूषण
इंदुमणि
इंदुकांत
इंदुशेखर
इंद्रजीत
इंद्र
इद्रनील
इंदुवत
इंद्र सेन
इंद्रेश
इषु[26]
इवा
इक्ष्वाकु
ईश
ईशान[27]

उ, ऊ

उग्रसेन[28]
उज्ज्वल
उतंक[29]
उत्पल लोचल
उत्सव
उत्तम
उद्भव
उदय
उदयभानु
उदयवीर

उदीचि
उदीप
उदीर्ण
उन्मेष[30]
उपंग
उद्यम
उपनेत
उपमन्यु
उपमेश
उपलक्ष्य
उदित
उपहार
उभय
उमंग
उमाति
उमापति
उमांसुत
उर्मिल
उर्मिलेश
उमेश
उज्जयंत
उपवन
उपवेश
उरु
उशीर

ऋ, ए, ओ

ऋत[31]
ऋतुराज
ऋभु[32]
ऋषभ देव
ऋषिराज
ऋषिकांत
ऋष्य केतु
एकनाथ
एकलव्य
एकांश
ऐश्वर्य
ओंकार
ओम प्रकाश
ओम कुमार
ओम नाथ
ओम पाल
औवल[33]

क, क्ष, ख

कंदर्प
कनु[34]
कनकेश
कन्हैया
कपिलदेव
कमनीय
कमल
कमल नयन
कमलेश
करिवदन
करुणाकर
करुणानिधि
कलाधर[35]
कलानाथ
कलानिधि
कर्मवीर
कर्मेन्द्र

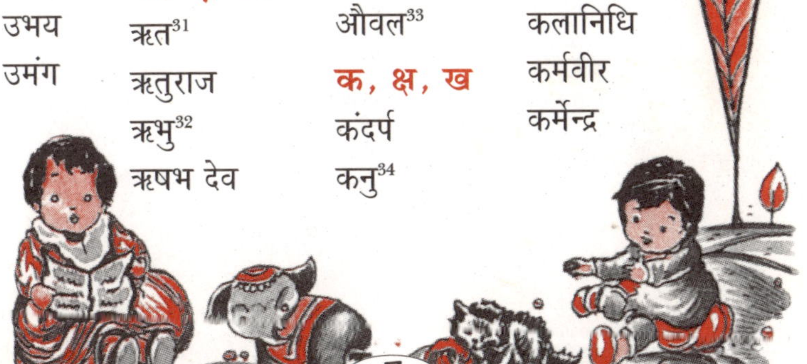

कर्ण
कर्णदीप
कर्णानुज
कर्णिकार[36]
कल्याण
कल्हण
कस्तूरी
कृष्ण
कृपाल
कांतिमान
कार्तिक
कार्तिकेय
कादंब
कानन

किंजल्क[37]
किंशुक[38]
किशोर
कीर्ति
कीर्तिप्रिय
कुंअर
कुंज
कुंजरारि
कुंतल[39]
कुंतलेश
कुंदन
कुबेर
कुणाल
कुमार

कुमार पाल
कुमुद चंद्र/कांत
कुमुदबंधु
कुलवंत
कुश
कुशाग्र
कुसुमाकर[40]
कुसुंभ[41]
कुमोद
केतक
केतन[42]
केतुमान[43]
केसर
केसराज

केसरी
केशव
केवल्य
कोमल
कोविद[44]
कौस्तुभ
कौशल
क्षत्रपति
क्षमानाथ
क्षितीश
क्षितीश्वर
क्षितिनाथ
क्षीरज
क्षीरसागर

क्षीराब्धि[45]
क्षेमेन्द्र
क्षेत्रपति
क्षेत्रपाल
खगेन्द्र
खरांशु

ग, घ

गंगाधर[46]
गंधर्व
गणेश
गनेशी
गवीश[47]
गगनदीप
गजानन[48]
गजेन्द्र
गायत्री रमण
गिरिधर
गिरिनाथ
गिरिवर
गिरिराज
गिरीन्द्र
गिरीश
गिनेस
गीतक[49]
गुणनिधि
गुणवर्धन
गुलशन
गुलाब
गुंजन
गुंजित
गोपीचंद
गोपेश
गोपेन्द्र[50]
गोविन्द
गौतम
गौरव
गौरांग
गौरीपति
गौरेश
घटा
घृताची[51]

च, छ

चंपक
चंदन
चंद्रकांत
चंद्रगुप्त
चंद्रनाथ
चंद्ररेणु
चंद्रभानु
चंद्रभूषण
चंद्रमणि
चंद्रापीड
चकोर
चक्रवर्ती
चक्रबंधु
चक्रपाणि[52]
चातक
चारु
चारुविक्रम
चारुशील
चारुमोहन
चिरंजीव
चित्रक
चित्रित
चित्रेश[53]
चिरंतन
चूड़ामणि
चेतन[54]
चैतन्य
चैत्री
छविकांत
छंद
छंदक
छत्रधर
छत्रपति

छायांक
छायानाथ
छितिपाल

ज, ज्ञ, झ

जदुराज
जयवंत
जयंत
जयपाल
जयवर्धन
जयदेव[55]
जलद[56]
जलेश
जलेश्वर
जतिन
जनमेजय
जनपति
जनेश
जनार्दन
जयति
जगन्नाथ
जगन्निवास
जगदीश
जितेन
जितेन्द्र
जीवन[57]
जीवितेश
जीवेश
जैनेन्द्र
ज्ञान
ज्ञानदेव
ज्ञानी
ज्ञानेश
ज्ञानेन्द्र
ज्ञानदीप
ज्ञानोदय
झुनझुन
झिलमिल

त

तपन
तर्पण
तपेश्वर
तन्मय
तरु
तरुण
तनय
तनुज
तमाल

तापस
तारकेश
तारकेश्वर
तारायण
ताराधिपति
ताराधीश
तारिक[58]
तारुण्य
तारेश
तिग्मांशु
तिर्यंक
तिमिर चंद्र
तिमिररिपु
तिलक
तीर्थराज

तीर्थदेव
तुषार
तुषारकर
तुषारांशु[59]
तुषाराद्रि
तुहिन
तुहिनांशु
तूणव[60]
तोरण
तोयेश[61]
त्रिकालदर्शी
त्रिदेव
त्रिनेत्र[62]
त्रिपुरारि

त्रिलोक
त्रिलोकपति
त्रिलोचन

द, ध

दर्शन
दधिसुत
दधिज
दयानिधि
दयावंत
दक्ष
दामोदर
दाक्षायण
दिगन्त[63]

दिग्विजय
दिनकर
दिनमणि
दिनेर[64]
दिनेश
दिलीप
दिलीर[65]
दिकपति
दिकपाल
दिवस्पति
दिवराज
दिवाकर

दिवामणि
दिविक
दिविज
दिविष्ठ[66]
दिवेश
दिसिराज
दिव्यांशु
दीप
दीपक
दीपांकुर
दीपांशु
दीपेन्द्र
दीप्त/दीप्ति
दीन दयाल
दीनबंधु
दीनानाथ
दुष्यंत

देव मणि
देवकी नंदन
देव व्रत
देव रंजन
देवराज
देव मोहन
देवेश
देवेत
देवेन्द्र
देव वल्लभ
देव ऋषि
देवदत्त
देवदीप
देव प्रिय
द्वारका
द्वारकेश
द्विरेफ

द्विजपति
धर्मांशु
धनंजय
धनवंत
धनवंतरि
धन प्रकाश
धर्मकेतु
धर्मध्वज
धर्मराज
धर्मवीर
धर्मेन्द्र
धरणिधर
धवलकांत
धवल केतु
धीरज
धीरेन्द्र
धुरीण

धैवत[67]
धृतिमान
ध्रुव
ध्रुपद[68]

न

नंद
नंदन[69]
नंदनंदन
नंदकुमार
नंदकिशोर
नंदीश्वर
नकुल
नति[70]
नमित
नरदेव
नरनारायण

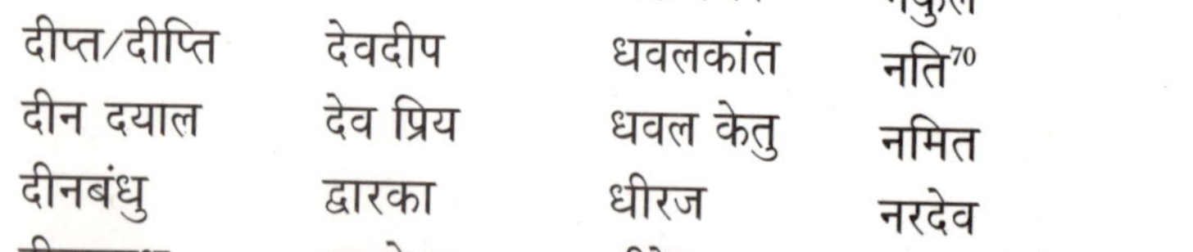

नरेश
नदीश
नदीकांत
नरेन्द्र
नरोत्तम
नगधर
नगेश
नगेन्द्र[71]
नदिवर्धन
नलिन[72]
नवनीत
नवल किशोर
नवल चंद्र
नव पल्लव
नव्य
नवीन

नवेन्दु
नक्षत्रराज
नक्षत्रेश
नक्षत्रेश्वर
नटवर
नाकेश
नागार्जुन
नागेन्द्र
नारायण
निखिल[73]
नितिन
निधिनाथ
निशि
निशिद्ध
निशित
निशिकांत

निशिपाल
निशीथ[74]
निशीध
निशात[75]
निशानाथ
निशामणि
निशांत
निश्चन्द्र
निस्सीम
निरंजन
निर्भय
निर्मल
निर्माण
निमिष[76]
निपुण
निवेश

निरव
नीरंध
नीरज
नीरधर
नीरुज
नीरधि
नीलकंठ
नीलकांत
नीलमणि
नीलाभ
नीहार[77]
नीहार रंजन
नूतन
नूपुर
नेमचंद
नेमि

नृदेव
नृपाल
नृसिंह

प

पंकज
पंकजश्री
पंकिल[78]
पंचम
पतंजलि[79]
पद्मलोचन
पद्माकर
परमानंद
परमेश्वर
परमेश
परशु
पराक्रम
पराग
परीक्षित
पल्लव
परेश
पलाश
परितोष
परिवेश
परिमंडल[80]
परिमल[81]
पवन
पविधर
पर्णमणि
पावन
पारस
पारुल
पारिजात
प्रदीप
प्रदीपक
प्रदीप्त
पार्थ सारथी
परितोष
पाणिनि
पीतमणि
पीताम्बर
पीयूष[82]
पुण्यवीर
पुनीत
पुरु
पुरुषोत्तम
पुलक
पुष्कर
पूरन
पूर्वेन्द्र
पूर्णावतार
पूर्णानंद
पूर्णेंदु
प्रणव[83]
प्रकाश
प्रतीक
प्रभात
प्रभाकर
प्रभूति
प्रतूर्ण
प्रत्यूष[84]
प्रगल्भ कुमार
प्रगुण
प्रवीण
प्रवीर
प्रवेश
प्रशांत
प्रसाद
प्रसून
प्रसूनेषु
प्रसेन
प्रह्लाद
प्रद्युम्न
प्रद्योत

प्रफुल्ल
प्रबुद्ध
प्रबोध
प्रभंजन[85]
प्रमथ[86]
प्रमोद
प्रजेश
प्राजेश[87]
प्राण बल्लभ
पृथु
प्रथ्वीश
पृथ्वीनाथ
पृथ्वीपाल
पृथ्वीराज
पृथ्वीधर

प्रियकर
प्रियंवद
प्रियकांत
प्रियदर्शी
प्रियांबु
प्रिय रंजन
प्रीतम

फ

फणीश्वर
फणीन्द्र[88]
फाल्गुन
फीयांशु

ब

बकुल[89]
बजरंगी
बटोही
बनवारी
बलभद्र
बलराम
बलदेव
बलवंत
बलवीर
बंधु
बंसी
बसंत
बहुल
बांके
बालेन्द्र[90]
बालकृष्ण
बालमुकुन्द
बिपु
बिन्दु
बिन्दुसार
बिरजू
ब्रजमोहन
ब्रजेन्द्र
ब्रजेश

भ

भंवर
भगीरथ
भरत
भव्य
भगवंत
भद्रश्री
भद्रसेन
भवेश[91]
भारत

भारती
भागेश
भानु[92]
भानुप्रकाश
भानुप्रताप
भास्कर[93]
भालचंद्र
भुवन
भुवनपति
भुवनमोहन
भूतेश
भूपति
भूपेन्द्र
भूपेश
भूपेष्ट
भूमीन्द्र
भूषण
भीमसेन
भीष्म
भौमिक
भ्रमर

म

मंगल
मंजुल
मकरंद[94]
मकरध्वज[95]
मनोरंजन
मयूर
मलयानिल
मलय
मणिकांत
मणिभद्र
मणिरत्न
मणिधर
मणिश्याम
मदनगोपाल
मधुकंठ
मधुकर
मधुप
मधुराज
मधुरिपु[96]
मधुदीप
मधुर
मधुरिम
मधुमय
मधुसूदन
मनस्वी
मनहर
मनु
मनोज
मनोरम
ममलेश
मयंक
मलयकेतु
मलयज
मदन
महावीर
महीप
महेन्द्र
महेश्वर
माधव
मानवेन्द्र
मानक
मानिक
माणिक
मार्कंडेय
मार्तंड[97]
मिलिंद[98]
मिहिर
मुरलीधर

मुरारी
मुदित
मुकुंद
मुकुल[99]
मुकुलित
मुकेश
मेघ
मेघराज
मेधावी
मैत्रेय
मृगमित्र
मृगधर
मृदुल
मृणाल[100]
मोती
मोहक
मोहन
मोहनीश
मोहित

य

यतिनाथ[101]
यमल
यमारि
ययाति
यदुवंशमणि
यदुनंदन
यदुपति
यदुराज
यदुनाथ
यमेश्वर
यशदीप
यशुदास
यतीन्द्र
यज्ञधर
यज्ञदेव
यज्ञनेमि
यज्ञसेन
यज्ञांग
यदुवीर
यजुवेन्द्र
यशोमाधव
यशोधन
यक्षप[102]
यक्षेंद्र
यक्षेश्वर
यज्ञेश[103]
यशोमणि
यादवेन्द्र
योगेश[104]
योगेन्द्र

र

रंजन
रजत/रजित
रजनीकर
रजनीश
रमण
रमणीक
रमानरेश
रमानिवास
रमाकांत[105]
रमेश
रमेन्द्र
रणवीर
रणधीर
रणजीत
रघुराज
रघुपति

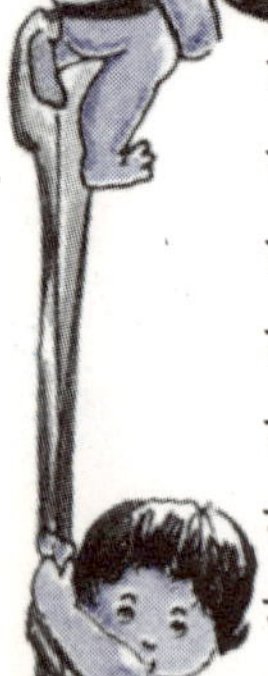

रत्न
रत्नाकर
रत्नांबर
रतिनाथ
रतिकांत
रतिराज
रवि
रविकर
रविनंदन
रविकांत
रविमणि
रविशंकर
रवीन्द्र
रविसारथी[106]
रवीषु[107]
रसराज

रश्मिमाली
रामकुमार
रामपति
रामआसरे
रामप्रसाद
राममनोहर
रामानंद
रामानुज
रामेश्वर
राघव
राघवेन्द्र
राधाकांत
राधा वल्लभ
राजन
राजवेन्द्र
राजशेखर

राजीव
राजुल
राजेश
राहुल
रामिल[108]
रामेश
रिपुदमन
रुचिर
रुद्रपति
रुद्रप्रताप
रुद्रभानु
रूपक
रूपम
रूपधर
रूपाभ
रूपेश

रेवती
रोहित
रोहिताश्व
रोहन
रोचित
रोचक
रोमेश
रोशन

ल

लखन
लक्ष्मण
लक्ष्मी
लक्ष्मीकांत
लक्ष्मी नारायण
लक्ष्मी निवास

लक्ष्मी रमण	**व**	वारिधि	विपिन
लक्ष्मी धर	वंजुल[111]	वारिज	विपुल
लक्षि	वंशीधर	वारीश	विबुधेश
लक्ष्य	वकुल	विकास	विभव
ललित	वलय	विक्रम	विभा
ललवेश	वर्तुल[112]	विक्रमाजीत	विभाकर[116]
ललित मोहन	वसुरूप	विक्रमादित्य	विभावरीश
ललित किशोर	वत्सल	विक्रांत	विभु
ललितेश	वज्रपाणि	वितान[115]	विभूति
ललितेन्द्र	वचनेश	विधि	विभूति भूषण
लव	वज्रसेन	विधु	विमन्यु[117]
लवलीन[109]	वसुदेव	विघ्नेश	विमलेश
लवलेश	वरद	विद्याधर	विवेक
लालन	वरुण	विजय	विश्वजीत
लालमणि	वरेण्य[113]	विनय	विश्व
लावण्य	वरेन्द्र	विनयमोहन	विश्वबंधु
लीलाधर	वल्लभ	विनिवेश	विश्वरूप
लीला पुरुषोत्तम	वसुपाल	विनीत	
लोकेश	वसुल	विनोद	
लोकेन्द्र	वागीश[114]		
लोहित[110]	वामदेव		

विश्वपति
विश्वनाथ
विश्वधर
विश्वम्भर
विश्वास
विश्वामित्र
विश्वेश
विशाल
विशालाक्ष
वीनू
वीर भानु
वीर मणि
वीरेन्द्र
वीरेश
वेणु गोपाल[118]
वृषभानु

वैभव
व्योम

श

शंकर
शंखपाणि
शंभू
शब्द कुमार
शकुंत
शचि[119]
शचि नाथ
शत्रुजीत
शत्रुघ्न
शत्रुंजय
शतानद
शरद
शरद चंद्र
शरदीश
शशांक[120]

शशांक शेखर
शलभ[121]
शशि
शशिकांत
शशिधर
शशिभूषण
शर्वरीश
शिव
शिशिर
शिरीष[122]
शिल्पी
शीतल
शीतांशु
शील
शुभाशीष
शेखर
शेषगिरी
शैल[123]

शैलाभ
शैलेन्द्र
शैलेय
शैलेश
शोभित
श्याम
श्यामल
श्वेतांग
श्वेतांशु

श्र

श्रावन
श्रीकंठ
श्रीकांत
श्रीकृष्ण
श्रीगोपाल
श्रीधर

श्रीरंग
श्रीनाथ
श्रीनिधि
श्रीश
श्रेयांशि
श्रेयांशु

स

संगीत
संजय
संजीव
संतोष
संदल[124]
संदीप
संचय
सचिन
समृद्ध
सम्मोहन
सतीश
सत्यजित
सत्यव्रत

सत्यभामा
सत्येंद्र
सदानंद
सपन
समर
समीर
सरयू
सरोज[125]
सलिल[126]
सर्वप्रिय
सर्वजित
सविनय
सहदेव
सहस्ररश्मि
सर्वेश
सर्वेश्वर
सर्वोत्तम
सारंग[127]
सात्विक
सुकांत
सुकेश
सुजित
सुदीप

सुधांशु
सुधाकर[128]
सुमन्यु
सुमित्र
सुनीत
सुधीर
सुमंत
सुबोध
सुभाष
सुमेरु
सुरभि
सुरेश
सुरेन्द्र
सुशांत
सुवित
सुव्रत
सुवेश

सुहास
सुहृद
सुदास
सुदेश
सुकुमार
सुकोमल
सूरज
सूर्यमणि
सोम/नाथ/दत्त
सोमेश
सोहन
सौम्य
सौरभ[129]
स्मरण
स्वरूप

स्वस्तिक[130]
स्वप्निल

ह

हंस
हंसराज
हरकेश
हरि
हरि सौरभ[131]
हरिकांत
हरिओम
हरिताभ
हरिपद
हरिनाथ
हरिलोक
हरिवंश
हरिशंकर
हरिश्चन्द्र
हरिणाक्ष[132]
हरीश
हर्ष
हर्षवर्धन
हर्षित
हर्षुल
हितेन्द्र
हिमांशु
हिमकर
हिमभान
हिमा
हिमाद्रि
हिमांक[133]
हिमांचल
हिमानिल[134]
हिमेश[135]
हिमांशु[136]
हीरामणि
हेमांग[137]
हेमाभ[138]
हेमाद्रि[139]
हेमगिरि
हेमंत
हेमेंद्र
हेमेन
हेमपुष्प
हृदयनिकेत
हृदयेश
हृदयेश्वर
हृद्याशु
हृषीकेश[140]

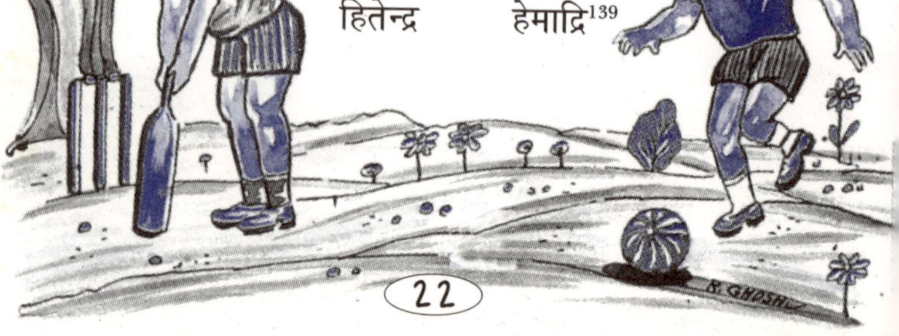

नाम बालक

(अंकित नामों के अर्थ)

1. अनमोल 2. डोनाल्ड का लघु नाम 3. स्वच्छ प्रकृति 4. हिब्रू पुत्र बैंजामिन का लघु नाम 5. विख्यात या लोकप्रिय 6. एरिक का लघु नाम, सदा शक्तिशाली 7. प्यार भरा 8. सफलता 9. प्रसन्न 10. शिव 11. अज्ञेय 12. पापहीन 13. अतिसुंदर, गुप्त 14. कुलीन 15. सुंदर, विष्णु 16. अत्यंत पराक्रमी 17. तेजस्वी 18. अमृत 19. कमल 20. जंगल, वन 21. शत्रु विजयी 22. समुद्र, धारा, सूर्य, अंतरिक्ष, इंद्र 23. प्रभायुक्त 24. रेशमी कपड़ा 25. संतुष्ट 26. बाण, तीर 27. ऐश्वर्ययुक्त, शिव, ज्योति, कोण 28. मथुरा का राजा 29. एक मुनि 30. स्फुरण, प्रकाश 31. सत्य 32. देवता, शिल्पी 33. सर्वोत्तम 34. सुंदर 35. चंद्रमा 36. कनियार का पेड़ 37. नाग केसर 38. पलास 39. सिर के बाल 40. बसंत 41. केसर, सोना, फूल 42. घर, पताका 43. तेजस्वी 44. विद्वान 45. क्षीर सागर 46. शिव, समुद्र 47. गोपालक 48. गणेश 49. गान, स्तोत्र 50. कृष्ण 51. एक अप्सरा, श्रुवा 52. विष्णु 53. चंद्रमा 54. प्राणी 55. एक प्रसिद्ध कवि 56. बादल 57. जिन्दगी, जल 58. नाविक 59. चंद्रमा 60. वेणु, बांसुरी 61. वरुण 62. शिव 63. दिशा का अंत 64. सूर्य 65. छत्रक 66. देवता 67. सप्तक का छठा स्वर 68. एक तरह का गीत 69. पुत्र, हर्ष 70. नमन, विनय 71. हिमालय, सुमेरु 72. कमल 73. संपूर्ण 74. आधी रात 75. चमकाया हुआ 76. क्षण, परमेश्वर 77. कुहरा, हिम 78. कीचड़ युक्त 79. योग सूत्रों की रचना करने वाले एक ऋषि 80. वृत्त, घेरा 81. सुगंध 82. अमृत 83. ओंकार 84. प्रातःकाल, सूर्य 85. प्रचंड वायु 86. धृतराष्ट्र का पुत्र 87. रोहिणी नक्षत्र 88. शेषनाग, वासुकि, पतंजलि मुनि 89. मौलसिरी, शिव 90. दूज का चांद 91. शिव 92. सूर्य 93. सूर्य, वीर 94. मधु, फूलों का केसर, भ्रमर 95. कामदेव, रस, सिंदूर, अहिरावण का द्वारपाल–जिसकी उत्पत्ति हनुमान का पसीना एक मछली के पी लेने से बतायी गयी है 96. विष्णु 97. सूर्य, आक 98. भौंरा 99. अधखिली कली, आत्मा 100. कमलनाल, खस 101. जितेन्द्रिय, योगी 102. कुबेर 103. विष्णु, सूर्य 107. कामदेव 108. प्रेमी, पति 109. तन्मय 110. लाल 111. अशोक, स्थल, पद्म 112. वृत्ताकार 113. सर्वोत्कृष्ट, पूजनीय 114. कवि, ब्रह्मा 115. चंदोवा, राशि समूह 116. सूर्य, आक 117. क्रोध रहित 118. बांसुरी बजाने वाले श्रीकृष्ण 119. इंद्राणी, वाणी, प्रज्ञा 120. चंद्रमा, कपूर 121. पतंगा 122. अति कोमल फूलों वाला एक वृक्ष 123. शिला, पहाड़ 124. चंदन 125. कमल 126. जल, अश्रु, एक तरह की वायु 127. सूर, सिंह, हाथी, भ्रमर, मयूर, मृग, बादल, एक राग, सरोवर, कपोत, आकाश, शंख, शिव...128. चंद्रमा 129. सुगंधित, खुशबूदार 130. मंगल द्रव्य, मंगल चिन्ह 131. कस्तूरी 132. चंद्रमा 133. कपूर 134. बर्फीली हवा 135. हिमालय 136. चंद्रमा 137. ब्रह्मा, विष्णु, सुमेरु 138. सोने जैसी चमक वाला 139. मेरु 140. परमात्मा, विष्णु या कृष्ण, मन, एक तीर्थ।

घरेलू बचपन का नाम
(बालिका)

अन्जू
कूकी
केका
कन्नी
गोरी
गोगी
चेरी
चिंकी
जूली
जिपू
जीनिया
डॉलिमा
डॉली
डिंपल
डोरा[1]
नानू
निक्की
नीतू
नीना[2]
नीरू
नीली[3]
पप्पी[4]
पम्मी
पिंकी
पर्ल[5]
पामेला
फ्लोरा[6]
बबली
बब्बी
बेसकी
बॉबी
बेबी[7]
मिन्ना[8]
मिन्नी
मुन्नी
मुनमुन
मेरी[9]
मोना
मोनिका
मोनू
रंजू
रानी
रिम्मी
रिंकू
रिंकी
रीटा
रीना
रूबी[10]
रोजा[11]
रोजी
लूसी[12]
लवली[13]
विक्की[14]
विम्मी
सिंपल
सिम्मी
स्वीटी
हेलन[15]

प्रचलित नाम

(बालिका)

अ, आ

अंजना
अंजलि
अंतरा
अंबालिका
अंबिका
अंकमालिका
अंशधा
अंशु[16]
अंशुमालिका
अंशुमालिनि
अर्चना
अर्चा

अचरा
अचला[17]
अचिता
अजिता
अणिमा[18]
अतिशयोपमा
अदिति[19]
अनंता
अनलप्रिया
अनुरीता
अनुसूया
अनिता
अनिला
अनुपमा

अनुप्रिया
अनुमति[20]
अनुज्ञा[21]
अनुराधा
अनुरागिनी
अन्नपूर्णा
अपरा[22]
अपराजिता
अपर्णा[23]
अप्सरा
अभिधा24
अभिलाषा
अमनिया
अमरावती
अमरी

अमला
अमलप्रभा
अमिता
अमृता
अरुंधति
अरुणा
अरुणिमा
अरुण प्रिया
अलका
अवनि
अक्षि[25]
आभा
आम्रपाली
आमा
आरती

आराधना
आर्या
आशा
आस्था
आहुति
आकांक्षा
आद्या

इ, ई

इंदिरा[26]
इंदु
इंदुकला
इंदुकांता
इंदुप्रभा
इंदुबाला
इंदुमति
इंदुरेखा
इंदुलेखा
इंदुवदना
इंदुमोहिनी
इंद्राणी
इच्छा
इन्वका
इष्टि
इभ्या
इरा
इरावती
इरिषा
इला
इलिका[27]
इति
ईप्सा
ईश्वरा
ईशा[28]
ईशिका[29]
ईशिता

उ, ऊ

उत्कर्षता
उत्कलिका
उत्प्रेक्षा
उत्तमा
उत्तरा
उज्ज्वला
उझिला
उमंग
उपमा
उपासना
उर्वशी
उमा
उर्मि
उर्मिला
उर्मिका
उल्का

ऋ, ए, ओ

ऋचा
ऋजु[30]
ऋजुता
ऋजुभा
ऋत[31]
ऋतु
एकता
एषा[32]
ऐश्वर्य लक्ष्मी
ऐश्वर्य

ऐश्वर्य प्रभा
ऐनी
ओमवती
ओमी

क

कंचन
कंचन लता
कंचन कामिनी
कंचुकी
कंदर्पा
कजरी
कजली कनक[33]
कनक मंजरी
कनक कुसुम
कनक प्रभा
कनक रूपा
कनक रेखा
कनक कामिनी
कनुप्रिया
कनिका
कपिला
कमलिनी
कमलनयना
करुणा
कलिका
कल्पना
कल्पलता
कल्याणी
कविता
कविप्रिया
कस्तूरिका
कशिका
कांता
कांति
कांचि[34]
काजल
काजलि
कात्यायनी
कार्नैलिया
कादंबरी[35]
कादंबिनी[36]
कापाली
कामना
कामाक्षी
कामायनी
कामिनी
कामेश्वरी
कामोद
कालिंदी
कावेरी
काश्यपि
किरण
किरणप्रभा
कीमिया
कीर्तिलता
कुमकुम
कुरंगनयना
कुसुम
कुसुमांजलि
कुसुमप्रभा
कुशी
कुंतल
कुंति
कुंचि[37]
कुमारिका
कुमुद
कुमुदिनी
कुमोदिनी

कृतांजलि
कृति[38]
कृत्तिका
कृष्ण कली
कृष्ण मोहिनी
कृष्णा
कृशांगी
क्रांति
केतकी
केशिनी
केरवी
कोइली
कोकिला
कोमल
कोमलांग
कोमिला
कोंपल
कोयल
कौमुदी[39]

क्ष, ख

क्षमता
क्षणप्रभा
क्षमिता
क्षमी
क्षमा
क्षांति
क्षिति
क्षिप्रा
क्षीरजा
ख्याति

ग, घ

गंगा
गंधारी
गति
गतिका
गतिमा
गरिमा
गर्वाणी
गर्विता
गायत्री
गार्गी
गाथा
गिरिजा[40]
गिरिसुता
गिरिनंदिनी
गीता
गीतांजली
गीतिका
गुंजा
गुंजिता
गुलनार
गुलशब्बो[41]
गोपा
गोपी
गोमती
गौरजा
गौरा
गौरांगना
गौरी
गृहमणि
घनश्यामा
घनाक्षरी

च, छ

चंदना
चंद्रिका

चंद्रकांता
चंद्रमुखी
चंद्रला
चंद्रलेखा
चंद्रलता
चंचला
चंपाकली
चपला[42]
चकोरी
चरणा
चमेली
चर्चा
चारु
चारुता
चारुशीला
चारुकेशी
चारुभाषिणी
चारुमति
चारुरूपा
चारुलता
चारुस्मिता
चारुहासिनी
चित्रप्रदा
चित्ररेखा
चित्रलेखा
चित्रा
चित्राक्षी
चित्रांगदा
चेतना
चेताली
छनछवी
छटा
छवि
छत्रा
छाया
छीति[43]

ज, ज्ञ, झ

जयंती
जयवंती
जयगौरी
जयप्रभा
जयप्रदा
जयमंगला
जयमति
जयमाला
जयलक्ष्मी
जया
जयश्री
जगदंबा
जशोदा
जसुमति
जनप्रदा
जानकी
जाग्रति
जाह्नवी[44]
जिज्ञासा
जितु
जीवप्रभा
जीवंतिका
जूथिका[45]
जूही
जोषिता[46]
ज्ञानदा
ज्ञान मंजरी
ज्ञान वल्लरी
ज्योति
ज्योत्सना[47]
ज्योतिशिखा

झिलमिली
झुनझुनी

ट

टिवंकल
टिमसी
टिन्नी
टीना

ड

डाली
डिंपल
डेजी
डोली

त

तनि
तनु
तनूजा
तपस्या
तरणिजा[48]
तरिणी
तरीषी[49]
तरु
तरुलता/बाला
तरुणिमा
तरला
तरुणा
तरुणी
तानिया
ताप्सी
तारकेश्वरी
तारा
तारिका
तालिका
तापसी
तिथि
तिलोत्तमा
तिलोनी
तीर्णा[50]
तुलसी
तूलिका
तृप्ता
तृप्ति
तृषा[51]
तृषिता
तृष्णा
त्रिनयना
त्रयंबका
त्रिवेणी
तेजश्री

द, द्य

दधिसुता
दमयंती
दया
दाक्षायणी
दायिनी[52]
दिवा
दिव्या
दिव्यांग्ना
दिव्यगंधा
दिशि
दिवि[53]
दीक्षा
दीपा
दीपाली
दीपिका
दीप्ति

दुर्गा
देवकी
देविका
देवप्रभा
देवबाला
देवज्योति
देवमाया
देवविभाणि
देवश्री
देवयजनी
देवयानी[54]
देवांगना
देवप्रिया
देवी
द्रौपदी
द्युति[55]
द्युतिमा

धा

धनाश्री
धरिणी
धवला[56]
धारणा
धारा
धीरा[57]

न

नंदनंदिनी
नंदा
नंदिनी
नंदिनी
नंदिता
नताशा
नयनतारा
नटाली
नव मल्लिका
नमिता
नम्रता
नयना
नवना[58]
नवधा[59]
नरगिस
नर्मदा
नलिनी
नारायणी
निर्मल
(निर्मला)
निकिता
निधि
निर्झरिणी
निम्मी
नियति[60]
निरुपमा
निवेदिता
निशा
निष्ठा
नीता
नीतू
नीरजा
नीरा
नीरू
नीलमणि
नीला
नीलिमा
नीमा
नीना
नीहारिका

नूपुर[61]
नूतन
नेहा

प, फ

पंक्ति
पद्या
पद्माशा
पद्मावती
पद्मिनि
पल्लवी[62]
परम्परा
परिधि
पवित्रा
पारुल
पायल
पार्थिवी[63]
पुनीता
पुष्पा/पुष्पांजली
पुष्परेणु
पूजा
पूर्तिदेवी
पूनम/पूर्णिमा
पूर्णोपमा
पूर्वा
पीयूषा
प्रकृति
प्रज्ञा[64]
प्रतिभा
प्रतिमा
प्रतिज्ञा
प्रतिष्ठा
प्रणयनी
प्रणोति
प्रभा
प्रभावती
प्रमदा
प्रमिला
प्रथा
प्रांशु
प्रांजलि
प्राची[65]
प्रार्थना
प्रियतमा
प्रिया
प्रियंका
प्रियंवदा
प्रियंवरा
प्रियदर्शिनी
प्रियप्रभा
प्रीति
प्रेरणा
प्रेमलता
प्रेमा
फलप्रदा

ब

बंदना
बबिता
बरखा
बनिता
बसंती
बसुधा
बाला
बाबी
बाटिका
बिंदु
बिंदिया
बिन्नी
बीना
बुलबुल
बेला
बोस्की

भ

भंगिमा[66]
भक्ति
भानवी
भानुरेखा
भापा
भामती
भामिनी
भानुजा
भानुप्रिया
भारती[67]
भावना
भास्वती[68]

भुवनमणि
भुवनमोहिनी
भूमिका
भैरवी

म

मंगला
मंगलप्रदा
मंजरिका
मंजरी
मंजु
मंजुलता
मंजुला
मंदाकिनी
मंजूषा
मणि
मणिप्रभा
मधु
मधुमति
मधुलिका
मधुमालती
मधुरिका
मधुरिमा
महादेवी[69]
महालक्ष्मी
महाश्वेता
महिमा
महिजा
महिसुता
मनस्विनी
मनुहार
मनीषा[70]
मनोरमा
ममता
मयूरी
मल्लिका
मधुर
मधुरिता
मांडवी[71]
माधवी
माधुरी
मानिनी
मारुति
मालती
मालविका
मालिनी
मिति
मिलन
मीना
मीनाक्षी
मीरा
मुदिता
मुकुरप्रभा[72]
मुक्ता
मुक्ति
मुग्धा
मृगलोचनी
मृगाक्षी
मृगनयनी
मृणालिका
मृणालिनी
मृदुल (मृदुला)
मेघना
मेदिनी[73]
मेनका[74]
मेधा[75]

मेधावी
मैना
मैत्रेयी
मोतिया
मोहना
मोहिनी
मोहनिशा
मौली
मौलश्री

य

यति[76]
यतिका
यमानिका[77]
यमुना
यशवंती
यशुदा
यशुमति
यशोदा
यशोधरा
यशोमति
यामिनी
यास्मीन
युक्ति
युक्ता
यूथिका
योकिला
योगिता[78]
योगेश्वरी
योजना
योषिता

र

रंजना
रंजिता
रंभा[79]
रचना
रचिता
रजनी
रजनीगंधा
रतिका[80]
रत्ना
रत्नप्रभा
रत्नावली
रत्नमंजरी
रत्नमणि
रमा
रविजा
रविनंदिनी
रश्मि
रश्मि रेखा
राखी
रागिनी
राजिका[81]
राशि
राजलक्ष्मी
राजश्री
राधना
राधा
रानी
राधिका
रीता
रीति
रीना
रीमा

रुक्मिणी
रुचि
रुचिता
रुचिरा
रुद्राणी/रुद्रा
रुनझुन
रुनिता
रूपमति
रूपम
रूपसि
रूपवती
रूपशिखा
रूही
रूपा
रूपावलि
रूबी
रूमी
रूना
रेखा
रेणु
रेणुका
रेशमा
रैना
रोहिणी
रोली
रोचि[83]
रोचित
रोचक
रोजी

ल

लता
लतिका
ललिता
लवलीन
लवंगलता
लसिका
लाज
लाजवंती
लालिमा
लावण्य
प्रभा
लिलि
लिपि
लिपिका
लीना
लीला
लीलावती
लेखा
लोपामुद्रा[84]
लोलिता

व

वंदना
वत्सला
वल्लभा
वल्लभी
वल्लरी[85]
वनश्री
वनज्योत्सना
वनिता
वरदा
वर्षा
वर्तिका[86]
वरालिका[87]
वसंती
वसुंधरा
वसुधा
वसुमति
वागीशा
वाग्देवी
वामा
वाणी
वारुणी
वासंती
वासवदत्ता
वासवी
विजयलक्ष्मी

विजयश्री
विजया[88]
विजयिता
विद्योत्तमा
विन्दु
विनिता
विनोदी
विभाति[89]
विद्या
विधि
विधुवदनी
विनय मोहिनी
विपुला
विभा
विभावरी

विभुषा
विमल
विमला
विनया
विशाखा
विशालाक्षी
विश्वगंधा
विश्वम्भरा
वीणा
वीरा
वीथि[90]
वीथिका
वृंदा
वेला
वेणु
वेन्ना

वैजयंती
वैदेही
वैरोट्र्या
व्यंजना

श, श्र

शकुंतला
शतरूपा
शचि
शशिप्रभा
शर्मिष्ठा[91]
शर्मीला[92]
शाखा
शारदा
शालिनी
शाल्मली[93]
शिखरिणी

शिरषा
शिप्रा[94]
शिफा[95]
शिल्पा
शिल्पी
शिवा
शिवानी
शिवांगी
शिविका
शीतला
शीला
शुचि[96]
शुचिता
शुचिव्रता
शुभदा
शुभ लक्षणा

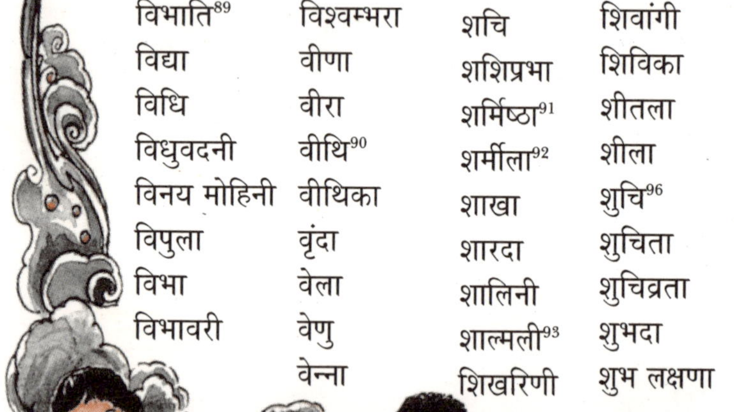

शुभा
शुभांगी
शुभ्रा
शेफाली[97]
शैली
शैलकुमारी
शैलजा
शैलभद्रा
शैला
शैवालिनी
शोभना
शोभांगना
शोभिनी
श्यामलता

श्यामा
श्वेता
श्रद्धा
श्रीनंदा
श्रीप्रिया
श्रीमुखी
श्रीदेवी
श्रीसुंदरी
श्रुति[98]
श्रुतकीर्ति
श्रेतिमा

स

संगीता
संजिता
संजुता[99]
संजीवनी
संध्या

संयोगिता
सपना
समता
समृद्धि
सरला
सरिता
सरोज
सरोजिनी
सलिला
सलोनी
सविता
सत्यवती
सत्या
सारिका
साधना
सावित्री
सिंधिया

सिंधुसुता
सिद्धि
सीमा
सीता
सुकीर्ति
सुगंधा
सुगंधी
सुचित्रा
सुजाता
सुधा
सुनंदा
सुनयना
सुनीता
सुनीति
सुपर्णा[100]
सुप्रभा

सुप्रिया
सुभद्रा
सुभागी
सुभांगी
सुशीला
सुशोभना
सुमन[101]
सुमति
सुमित्रा
सुरभि[102]
सुरुचि
सुदीप्ति
सुलेखा
सुलक्षणा
सुलोचना
सुरंगमा

सुरेखा
सुरोत्तमा[103]
सुलभा
सुवना
सुवासिनी
सुवीरा
सुस्मिता
सुचरिता
सुषमा
सुषि
सुषिरा[104]
सुस्मिता[105]
सुवृति
सूरजमुखी
सोनल
सोफिया
सोनिया

सौदामिनी[106]
स्तुति
स्नेह
स्मृति
स्वयंप्रभा
स्वाति
स्मिता

ह

हंससुता
हंसा
हंसिनी
हरिता[107]
हरीतिका
हनी
हर्षप्रभा
हर्षा
हर्षिता
हिना[108]

हिमिका[109]
हिमानी[110]
हिमकांति
हिमांगी
हेमतिका
हेमकांता
हेमप्रभा
हेमलता
हेमकिरण
हेमसुता
हेममुद्रा
हेमा[111]
हेमामालिनी
हृदयांगना
हृदयेश्वरी

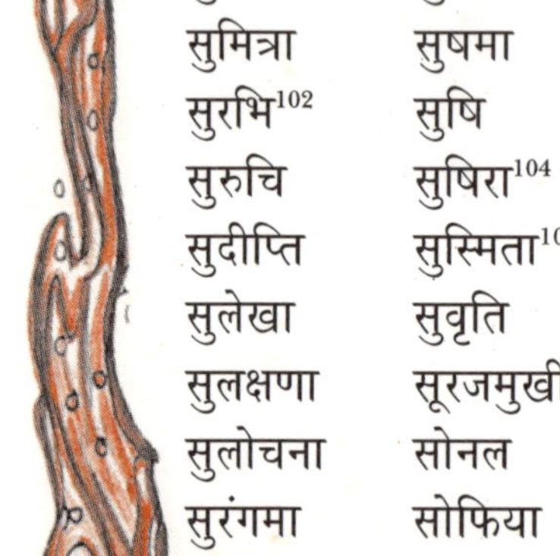

नाम बालिका
(अंकित नामों के अर्थ)

1. (यूनानी) भेंट 2. (स्पेनिश) बाला, लड़की 3. नील का पौधा 4. पप्पी लड़के या लड़की दोनों का ही नाम हो सकता है 5. हीरा 6. (लेटिन) फूल 7. बेबी लड़के या लड़की दोनों का ही नाम हो सकता है 8. (जर्मन) प्रेम 9. खुश, प्रमुदित 10. हीरा 11. गुलाब 12. (लेटिन) प्रकाशवाहिनी 13. सुंदर, आकर्षक 14. विजय 15. रस क्रीड़ा, किलोल 16. किरण, प्रभा 17. पृथ्वी 18. सूक्ष्मता, योग की आठ सिद्धियों में से पहली 19. पृथ्वी, प्रकृति, वाणी, देवताओं की माता 20. स्वीकृति, चतुर्दशी युक्त पूर्णिमा 21. आज्ञा 22. लौकिक विद्या, दूसरी, पश्चिम दिशा 23. पार्वती, दुर्गा 24. उपाधि, वाच्यार्थ शब्द शक्ति 25. आंख 26. लक्ष्मी, कांति, शोभा 27. पृथ्वी 28. अधिकार, दुर्गा 29. बाण, कूंची 30. सरल, अनुकूल, सच्चा 31. ब्रह्मा, सूर्य, पूजित, प्रकाशित 32. इच्छा, चाह 33. सोना, चंपा 34. करधनी, मेखला 35. शराब, कोकिला, सरस्वती, बाण भट्ट रचित प्रसिद्ध गद्यकाव्य 36. मेघमाला, एक रागिनी 37. आठ मुट्ठी का एक परिमाण 38. रचना, क्रिया, अभिचार 39. चांदनी, दीपोत्सव, व्याख्या 40. पार्वती, गंगा 41. रात को विशेष सुगंध देने वाला एक फूल 42. चंचल, लक्ष्मी, बिजली 43. हानि, घटी 44. गंगा 45. जूही का फूल (देखिये-यूथिका) 46. नारी, स्त्री (देखियेः योषिता) 47. चांदनी, दुर्गा, सौंफ 48. यमुना 49. इंद्र की एक कन्या 50. एक छंद 51. प्यास, अभिलाष 52. बिजली 53. नीलकंठ पक्षी 54. शुक्राचार्य की कन्या, ययाति की पत्नी 55. आभा, दीप्ति 56. सफेद 57. एक प्रकार की नायिका 58. झुकना, नम्र होना 59. नौ प्रकार से की जाने वाली भक्ति 60. प्रकृति, आत्मसंयम 61. घुंघरू 62. जिसमें नये पत्ते निकले हों 63. सीता, लक्ष्मी 64. विवेक, सरस्वती, विदुषी 65. पूरब दिशा 66. वक्रता, चातुर्य 67. वाणी, सरस्वती, मंडन मिश्र की पत्नी 68. दीप्तिमती 69. दुर्गा, पार्वती, पटरानी 70. बुद्धि, स्तुति 71. कुशध्वज की कन्या, भरत की पत्नी 72. मौलसिरी, मल्लिका लता 73. पृथ्वी 74. एक अप्सरा जिसके गर्भ से शकुंतला की उत्पत्ति हुई 75. बुद्धि 76. एक राग, संधि, विधवा 77. अजवायन 78. स्थिति 79. एक अप्सरा का नाम, केला, उत्तर की दिशा 80. संगीत की एक श्रुति 81. पंक्ति, श्रेणी, क्यारी 82. लौंग, मात्रिक छंद 83. ज्योति 84. अगस्त्य की पत्नी 85. लता, मंजरी 86. शलाका, तूलिका 87. दुर्गा 88. दुर्गा, एक योगिनी, कृष्ण की माला 89. चमक, शोभा 90. पंक्ति, कतार 91. राजा ययाति की छोटी रानी 92. लज्जाशील 93. सेमल का पेड़ 94. एक नदी 95. स्वास्थ्य, आरोग्य 96. दीप्ति, प्रकाश 97. निलिका 98. वेद, ज्ञान, वार्ता, किंवदंती 99. एक छंद 100. कमलिनी, एक नदी 101. पुष्प 102. प्रिय, सुगंधित, विद्वान 103. एक अप्सरा 104. एक सुगंधित छाल, नदी 105. हंसमुख स्त्री 106. एक अप्सरा, विद्युत, एक रागिनी का नाम 107, नीली दूब, हलदी, जयंती 108. मेहंदी 109. पाला, तुषार 110. हिम समूह 111. पृथ्वी, एक अप्सरा, माधवी लता।